Swami Vivekananda:
Ramakrishna: Mein Meister

aus dem Englischen übersetzt von

Gabriele Ebert

Bibliografische Informationen der Deutschen Bibliothek

Die Deutsche Bibliothek verzeichnet diese Publikation in der Deutschen Nationalbibliografie; detaillierte bibliografische Daten sind im Internet über http://dnb.ddb.de abrufbar.

Vivekananda: Ramakrishna: Mein Meister
1. Auflage, 2020
Titel der Originalausgabe:
Swami Vivekananda: My Master
The Baker & Taylor Company, New York, 1901
Herstellung und Verlag: BoD – Books on Demand, Norderstedt
ISBN: 9783752623925
Umschlaggestaltung: BoD
Printed in Germany

Sri Ramakrishna

INHALTSVERZEICHNIS

VORWORT DER ÜBERSETZERIN

Dieses Büchlein, das 1901 erschienen ist, enthält einen Vortrag von Swami Vivekananda über seinen Meister Ramakrishna, den er in New York gehalten hat. Dieser Vortrag besteht weniger aus biographischen Details, sondern bietet vielmehr eine Gesamtschau dieser außergewöhnlichen Persönlichkeit in ihrem historischen, kulturellen und spirituellen Kontext, was für den westlichen Leser den Zugang zu ihr wesentlich erleichtert. Von daher bietet dieses Büchlein eine hervorragende Einführung zu Ramakrishna für alle, die sich intensiver mit ihm befassen oder auch nur einen ersten Einblick nehmen wollen.

Angefügt ist ein Aufsatz von Protap Chunder Mazoomdar (1840-1905), der im Theistic Quarterly Review im Oktober 1879 erschienen ist, also zu einer Zeit, als Ramakrishna noch lebte. Mazoomdar war als Anführer der hinduistischen Reformbewegung des *Brahmo-Samaj* eine bekannte Persönlichkeit.

Ramakrishna (1836-1886) lebte sehr in der indischen Mythologie und erfuhr im Zusammenhang mit ihr viele Ekstasen. Für ihn bedeuteten die Göttin *Kali* (die indische Muttergottheit), die göttlichen Inkarnationen *Krishna* und *Rama*, die Affengottheit *Hanuman* und die vielen anderen Gottheiten eine wirkliche Erfahrung. Um diese Erfahrungswelt nachvollziehen zu können, sollte man sich deshalb ein wenig in der indischen Mythologie auskennen.

Swami Vivekananda (1836-1902) war der bedeutendste Schüler Ramakrishnas und wurde von ihm dazu beauftragt, seine Botschaft weiterzuverbreiten und der beginnenden Gemeinschaft der jungen Mönche des Ramakrishna-Math vorzustehen. Sein Weg führte ihn nach Westen. 1893 nahm er am Parlament der Weltreligionen in Chicago teil, gründete die Vedanta Society in New York und verbreitete Ramakrishnas Botschaft im Westen.

Ich habe einige erklärende Fußnoten hinzugefügt sowie ein Glossar und ein Literaturverzeichnis erstellt und wünsche nun der kleinen Schrift viele interessierte Leser.

Gabriele Ebert

EINLEITUNG

Der folgende Vortrag wurde in New York unter der Schirmherrschaft der Vedanta Society gehalten. Er beschreibt kurz einen der bemerkenswertesten Männer, die Indien dem 19. Jahrhundert gegeben hat. Er war als Paramhamsa Srimat Ramakrishna bekannt und wird von tausenden seiner Landsleute als göttliche Inkarnation betrachtet, obwohl er für sich keine hohe Position einforderte. Der Einfluss seiner Lehre ist in allen Teilen Indiens spürbar und reicht sogar bis nach Europa und Amerika.

Das Titelbild[1] zeigt den Tempel, in dessen Nähe er das letzte Jahr seines Lebens verbracht hat. Er lebte in einem kleinen Haus in einem ausgedehnten Garten, der den Tempel umgab. Es kamen große Menschenmengen, um ihm zuzuhören. Seit seinem Tod findet an seinem Geburtstag ein jährliches Fest statt, das jedes Jahr von immer mehr Leuten besucht wird. Der Titel Paramhamsa bedeutet wörtlich „Große Seele" und wird von den Hindus nur solchen Männern verliehen, die die höchste spirituelle Erleuchtung erlangt haben. Srimat ist ein Ehrentitel und wird hier im Sinn von „der Verehrteste" verwendet.

Der Herausgeber

---

[1] hier nicht enthalten

"Jedes Mal, wenn die Tugend abnimmt und das Laster vorherrscht, komme Ich herab, um der Menschheit zu helfen", verkündet *Krishna* in der Bhagavad Gita. Jedes Mal, wenn unsere Welt wegen ihrer Entwicklung und der zusätzlichen Gegebenheiten eine Korrektur braucht, kommt eine Kraftwelle. Und weil der Mensch auf zwei Ebenen wirkt, der spirituellen und der materiellen, kommen diese korrigierenden Wellen auf beide Ebenen. Was die Korrektur der materiellen Ebene betrifft, war einerseits hauptsächlich Europa in der Moderne der Ausgangspunkt, und was die Korrektur der anderen, spirituellen Ebene betrifft, war durchweg Asien in der Weltgeschichte der Ausgangspunkt.

Heute braucht der Mensch eine weitere Korrektur auf der geistigen Ebene. Heute, da die materialistischen Vorstellungen ihren Höhepunkt erreicht haben, heute, da der Mensch durch seine wachsende Abhängigkeit von der Materie leicht sein göttliches Wesen vergisst und zu einer rein geldschaffenden Maschine reduziert wird, ist eine Korrektur nötig. Und die Kraft kommt, die Stimme hat gesprochen, um die Wolken des zunehmenden Materialismus zu vertreiben. Die Kraft wurde in Bewegung gesetzt, die in naher Zukunft der Menschheit einmal mehr ihr wahres Wesen in Erinnerung rufen wird. Und wiederum ist der Ort, von dem diese Kraft ausgeht, Asien. Unsere Welt ist arbeitsteilig.

Es ist eitel zu sagen, dass ein Mensch alles besitzen soll. Doch wie kindisch sind wir! Das Kind glaubt in seiner Kindlichkeit, seine Puppe sei der einzige Besitz auf der ganzen Welt, der begehrenswert sei. So glaubt eine Nation, die viel materielle Macht besitzt, das sei das einzig Begehrenswerte, und damit allein sei Fortschritt, damit allein sei Zivilisation gemeint. Und wenn es andere Nationen gibt, die diese Mächte nicht besitzen wollen und nicht besitzen, dann seien sie nicht lebensfähig. Ihre ganze Existenz sei nutzlos. Andererseits kann eine andere Nation denken, dass die rein materialistische Zivilisation völlig wertlos sei.

Aus dem Morgenland kam einst die Stimme, die der Welt verkündete: Wenn ein Mensch alles unter und über der Sonne besitzt, aber keine Spiritualität, was nützt ihm das? Dies ist der morgenländische Typus. Das andere ist der abendländische Typus. Jeder dieser Typen hat seine Größe, jeder hat seinen Ruhm. Die jetzige Korrektur wird harmonisieren und die beiden Ideale vermischen. Für den Morgenländer ist die Welt des Geistes so wirklich wie die Welt der Sinne für den Abendländer.

Im spirituellen Bereich findet der Morgenländer alles, was er will oder worauf er hofft. Er findet alles, was das Leben für ihn wirklich macht. Für den Abendländer ist er ein Träumer. Für den Morgenländer ist der Abendländer ein Träumer, der fünf Minuten lang mit den Puppen spielt. Und er lacht bei dem Gedanken, dass erwachsene Männer und Frauen sich so viel aus einer Handvoll Materie machen, die sie sowieso früher oder später zurücklassen müssen. Jeder nennt den anderen einen Träumer.

Aber das morgenländische Ideal ist für den Fortschritt der menschlichen Rasse ebenso nötig wie das abendländische, und ich glaube, es ist sogar notwendiger. Maschinen haben die Menschheit nie glücklich gemacht und werden es nie tun. Wer uns das glauben machen will, behauptet, dass das Glück in den Maschinen zu finden sei, aber es ist immer im Geist. Nur der Mensch, der Herr seiner Gedanken ist, kann glücklich werden, kein anderer. Aber was ist am Ende schon diese Macht der Maschinen? Warum sollte ein Mensch, der elektrischen Strom durch eine Leitung schicken kann, ein großartiger und sehr intelligenter Mensch genannt werden? Schafft die Natur nicht in jedem Augenblick millionenfach mehr als das? Warum soll man dann nicht niederfallen und die Natur verehren?

Was spielt es für eine Rolle, ob du Macht über die ganze Welt besitzt, ob du jedes Atom im Weltall beherrscht? Das wird dich nicht glücklich machen, bis du dich selbst überwunden hast, außer du besitzt die Kraft des Glücks in dir selbst. Es ist wahr, dass der Mensch geboren wurde, um die Natur zu überwinden. Aber der Abendländer meint mit „Natur" nur die physische oder äußere Natur. Es ist wahr, dass die äußere

Natur majestätisch ist mit ihren Bergen, Meeren, Flüssen und mit ihrer unendlichen Kraft und Mannigfaltigkeit. Doch es gibt eine majestätischere innere Natur des Menschen, die höher als die Sonne, der Mond und die Sterne ist, höher als unsere Erde, höher als das physische Universum, die unser kleines Leben überschreitet und einen anderen Forschungsbereich bietet. Hier tun sich die Morgenländer hervor, wie die Abendländer sich im anderen hervortun.

Deshalb ist es richtig, dass jedes Mal, wenn es eine spirituelle Korrektur geben muss, sie vom Morgenland kommen sollte. Es ist ebenso richtig, dass der Morgenländer, der etwas über Maschinenbau lernen will, zu Füßen des Abendländers sitzen und von ihm lernen sollte. Wenn das Abendland etwas über den Geist, über Gott, über die Seele, über die Bedeutung und das Geheimnis des Universums lernen will, so muss es zu Füßen des Morgenlandes sitzen und lernen.

Ich möchte euch das Leben eines Mannes vorstellen, der eine solche Welle in Indien in Bewegung gesetzt hat. Aber bevor ich in das Leben dieses Mannes einsteige, möchte ich versuchen, euch das Geheimnis von Indien darzulegen, die Bedeutung von Indien. Wenn jene, deren Augen vom Glanz der materiellen Dinge erblindet sind, deren ganzes Leben dem Essen, Trinken und Genießen gewidmet ist, deren einziges Ideal von Besitz der von Land und Gold ist, deren einziges Ideal von Vergnügen in den Sinnesfreuden besteht, deren Gott das Geld ist, deren Ziel ein sorgloses Leben und Bequemlichkeit in dieser Welt ist und danach der Tod, die nie vorwärts schauen und kaum an etwas Höheres als die Sinnesobjekte denken, in deren Mitte sie leben, wenn solche Menschen nach Indien gehen, was sehen sie da? Armut, Elend, Aberglaube, Unwissenheit, Abscheulichkeit überall. Warum? Weil Aufklärung nach ihrer Vorstellung Kleidung, Bildung und Höflichkeit bedeutet. Während die abendländischen Nationen jede Anstrengung darauf gerichtet haben, ihre materielle Lage zu verbessern, hat Indien etwas anderes getan.

Dort lebt die einzige Rasse der Welt, die in der ganzen Menschheitsgeschichte nie ihre Landesgrenzen überschritten und Land erobert hat, die nie den Besitz von jemand anderem begehrt hat und deren einziger Fehler es gewesen ist, dass ihr Land so fruchtbar war und sie so scharfsinnig waren, dass sie durch die harte Arbeit ihrer Hände Reichtum angesammelt und dadurch andere Nationen in Versuchung geführt haben zu kommen und sie auszuplündern. Sie sind damit zufrieden, beraubt und Barbaren genannt zu werden. Im Gegenzug wollen sie Visionen des Höchsten in diese Welt senden, der Welt die Geheimnisse der menschlichen Natur offenlegen, den Schleier zerreißen, der den wirklichen Menschen verbirgt, weil sie den Traum kennen, weil sie wissen, dass hinter dem Materialismus das wahre göttliche Wesen des Menschen lebt, das keine Sünde trüben, kein Verbrechen beschädigen, keine Lust töten, kein Feuer verbrennen und

15

kein Wasser nass machen kann, das weder die Hitze austrocknen noch der Tod töten kann. Für sie ist dieses wahre Wesen des Menschen so wirklich wie jeder materielle Gegenstand für die Sinne eines Abendländers.

Genauso, wie ihr so tapfer seid, um mit einem Hurra vor die Mündung einer Kanone zu springen, genauso, wie ihr so tapfer seid, euch im Namen der Vaterlandsliebe zu erheben und euer Leben für euer Land zu geben, so sind sie im Namen Gottes tapfer. Dort ist es so, dass wenn ein Mensch erklärt, dass dies eine Welt der Vorstellungen ist, dass das alles ein Traum ist, er seine Kleidung und seinen Besitz fortwirft, um zu zeigen, dass das, was er glaubt und denkt, wahr ist. Dort ist es so, dass ein Mann am Ufer eines Flusses sitzt, wenn er erkannt hat, dass das Leben ewig ist, und seinen Körper aufgeben will, als sei er ein Nichts, genauso wie du einen Strohhalm aufgeben kannst. Darin liegt ihr Heldenmut. Sie sind bereit, dem Tod als einem Bruder entgegenzutreten, weil sie davon überzeugt sind, dass es für sie keinen Tod gibt. Darin liegt die Kraft, die sie durch Jahrhunderte von Unterdrückung, Invasionen und Fremdherrschaft unbesiegbar gemacht hat.

Diese Nation lebt noch heute, und selbst in den Tagen schrecklichster Katastrophen sind in dieser Nation spirituelle Giganten nie ausgeblieben. Asien bringt spirituelle Giganten hervor, wie das Abendland Giganten in Politik und Wissenschaft hervorbringt.

Zu Beginn des jetzigen Jahrhunderts, als der westliche Einfluss nach Indien zu strömen begann, als die westlichen Eroberer mit dem Schwert in der Hand den Kindern der Weisen beweisen wollten, dass sie bloß Barbaren waren, eine Rasse von Träumern, dass ihre Religion nur Mythologie war und Gott, die Seele und alles, wofür sie gekämpft haben, nur bedeutungslose Worte waren, dass Tausende von Jahren des Kampfes, Tausende Jahre endloser Entsagung völlig vergebens gewesen waren, beunruhigte die jungen Männer an den Universitäten die Frage, ob die ganze Existenz der Nation bis heute ein Fehler gewesen sei, ob sie nach dem Plan der Abendländer von vorn beginnen, ihre alten Bücher zerreißen, ihre Philosophien verbrennen, ihre Prediger vertreiben und ihre Tempel niederreißen mussten. Hat nicht der abendländische Eroberer, der Mann, der seine Religion mit Schwert und Gewehr bewies, gesagt, dass all diese alten Sitten reiner Aberglaube und Götzendienst seien? Kinder, die in den neuen abendländischen Schulen erzogen und ausgebildet wurden, sogen diese Vorstellungen von Kindheit an in sich auf. Da ist es kein Wunder, dass Zweifel entstanden. Aber anstatt den Aberglauben zu verwerfen und wirklich nach der Wahrheit zu suchen, bestand ihre Prüfung der Wahrheit in der Frage: „Was sagt der Westen?" Die Priester müssen gehen, die *Veden* verbrannt werden, weil der Westen es gesagt hat. Aus dieser so erzeugten Unruhe entstand eine sogenannte Reformwelle in Indien.

Wenn du ein wirklicher Reformer sein willst, sind drei Dinge nötig. Das erste ist zu fühlen. Hast du wirkliches Mitgefühl mit deinen Brüdern? Spürst du wirklich, dass es so viel Not in der Welt gibt, so viel Unwissenheit und Aberglaube? Spürst du wirklich, dass die Menschen deine Brüder sind? Durchdringt diese Vorstellung dein ganzes Sein? Rinnt es dir durchs Blut? Kribbelt es in deinen Venen? Strömt es durch jeden Nerv und jede Faser deines Körpers? Bist du erfüllt von diesem Gedanken des Mitgefühls?

Wenn du es bist, ist das nur der erste Schritt. Du musst als nächstes darüber nachdenken, ob du ein Heilmittel gefunden hast. Die alten Vorstellungen mögen alle abergläubisch sein, aber in diesem Haufen Aberglaube und um ihn herum gibt es auch Klumpen von Gold und Wahrheit. Hast du ein Mittel gefunden, nur dieses Gold zu behalten, ohne die Schlacken? Wenn ja, dann ist das nur der zweite Schritt.

Eine Sache ist noch nötig. Was ist dein Motiv? Bist du dir sicher, dass du nicht von Habgier nach Gold angetrieben wirst, vom Durst nach Berühmtheit oder Macht? Bist du dir wirklich sicher, dass du deine Ideale durchhalten und weiterarbeiten kannst, selbst wenn die ganze Welt dich niederwerfen will? Bist du dir sicher, dass du weißt, was du willst, und deine Pflicht erfüllen wirst, und nur das, selbst wenn dein Leben in Gefahr ist? Bist du dir sicher, dass du es dein ganzes Leben lang durchhalten wirst, solange dein Herz schlägt?

Dann bist du ein wirklicher Reformer, ein Lehrer, ein Meister, ein Segen für die Menschheit. Aber der Mensch ist so ungeduldig, so kurzsichtig. Er bringt keine Geduld auf zu warten und keine Kraft zuzusehen. Er will herrschen, er will sofort Ergebnisse. Warum? Er will die Früchte selbst ernten und sorgt sich nicht wirklich um andere. Pflicht um der Pflicht willen ist nicht das, was er will. *Krishna* sagt: "Du hast das Recht zu arbeiten, aber nicht auf die Früchte deiner Arbeit." Warum kleben wir an den Ergebnissen? Wir haben unsere Pflichten. Sollen sich die Früchte um sich selbst kümmern. Aber der Mensch hat keine Geduld. Er fängt mit irgendeinem Projekt an, und die meisten der Möchtegern-Reformer auf der ganzen Welt können darunter eingeordnet werden.

Wie ich bereits gesagt habe, kam der Reformgedanke nach Indien, als es danach aussah, dass die Welle des Materialismus, die an ihrem Ufer eingedrungen war, die Lehren der Weisen fortschwemmen würde. Aber das Land hat den Schock von tausenden solcher Wellen der Veränderung ertragen. Diese war im Vergleich leicht. Eine Welle nach der anderen hatte das Land überschwemmt, alles für Hunderte von Jahren zerbrochen und vernichtet. Das Schwert war aufgeblitzt, und der Ruf „Sieg für Allah!" hatte Indiens Himmel zerrissen. Aber diese Fluten sind wieder abgeklungen und haben die Ideale der Nation unverändert zurückgelassen.

Die indische Nation kann nicht getötet werden. Unsterblich besteht sie weiter und wird weiterbestehen, solange dieser Geist als Hintergrund erhalten bleibt, solange ihre Einwohner nicht ihre Spiritualität aufgeben. Sie mögen Bettler bleiben, mittellos und von Armut geplagt. Schmutz und Elend mag sie vielleicht für alle Zeiten umgeben, aber lass sie nicht ihren Gott aufgeben, lass sie nicht vergessen, dass sie die Kinder der Weisen sind.

Wie im Westen selbst der Mann auf der Straße seine Abstammung von irgendeinem Raubritter im Mittelalter ableiten will, so will in Indien selbst ein Herrscher auf dem Thron seine Abstammung von irgendeinem bettelnden Weisen, der im Wald lebte, ableiten, von einem Mann, der sich mit Baumrinde bekleidete, von Waldfrüchten lebte und mit Gott sprach. Das ist die Art Abstammung, die wir wollen, und da die Heiligkeit so sehr verehrt wird, kann Indien nicht sterben.

Während verschiedene Reformen in Indien eingeführt wurden, wurde armen brahmanischen Eltern am 20. Februar 1835[2] in einem entlegenen bengalischen Dorf ein Kind geboren. Der Vater und die Mutter waren sehr strenggläubige Leute. Das Leben eines wirklich strenggläubigen Brahmanen besteht in beständiger Entsagung. Er kann nur sehr wenige Dinge tun, und darüber hinaus darf der rechtgläubige Brahmane sich nicht mit weltlichen Angelegenheiten befassen. Zu-

---

[2] Ramakrishna wurde am 18. Februar 1936 geboren.

gleich darf er von niemandem Geschenke annehmen. Ihr könnt euch vorstellen, wie hart dieses Leben ist. Ihr habt oft von den Brahmanen und ihrem Priestertum gehört, aber nur wenige von euch haben jemals innegehalten und sich gefragt, was diese wundervolle Menschengruppe zu Herrschern ihrer Mitmenschen macht. Sie sind die Ärmsten aller Gesellschaftsschichten im Land, und das Geheimnis ihrer Macht liegt in ihrer Entsagung. Sie begehren nie Reichtum. Ihr Priestertum ist das ärmste in der Welt und deshalb das machtvollste.

Selbst in dieser Armut wird die Frau eines Brahmanen nie zulassen, dass ein Armer durch das Dorf geht, ohne ihm etwas zu essen zu geben. Das wird in Indien als die heiligste Pflicht der Mutter betrachtet. Und weil sie die Mutter ist, ist es ihre Pflicht, als letzte bedient zu werden. Sie muss sich darum kümmern, dass jeder bedient wird, bevor sie an der Reihe ist. Deshalb wird die Mutter in Indien als Gott betrachtet. Diese besondere Frau, die Mutter unserer gegenwärtigen Person, war solch eine hinduistische Mutter.

Je höher die Kaste, desto größer die Einschränkungen. Die Menschen der unteren Kasten können essen und trinken, was sie wollen, aber je mehr die Menschen auf der sozialen Leiter aufsteigen, desto mehr Einschränkungen sind sie unterworfen. Und wenn sie die höchste Kaste der Brahmanen erreichen, das erbliche Priestertum in Indien, ist ihr Leben sehr eingeengt, wie ich bereits gesagt habe. Mit westlichen Sitten verglichen besteht ihr Leben aus beständiger Askese. Aber sie besitzen große Beharrlichkeit. Wenn sie sich eine Vorstellung aneignen, führen sie sie bis zum Letzten aus, und Generation um Generation hält daran fest, bis etwas dabei herauskommt. Gib ihnen einmal eine Vorstellung, und es ist nicht leicht, sie zurückzunehmen, aber schwer, sie dazu zu bewegen, eine neue Vorstellung zu ergreifen.

Die rechtgläubigen Hindus schließen deshalb alles aus und leben völlig in ihrem eigenen Gedankenhorizont und Empfinden. Ihr Leben ist in unseren alten Büchern bis ins kleinste Detail festgelegt, und sie halten noch die letzte Einzelheit mit fast resoluter Bestimmtheit ein. Sie würden eher hungern, als eine Mahlzeit zu essen, die ein Mensch, der nicht zu ihrer eigenen kleinen Unterkaste gehört, zubereitet hat. Und außerdem besitzen sie Stärke und große Ernsthaftigkeit. Diese Kraft des intensiven Glaubens und religiösen Lebens herrscht oft unter den rechtgläubigen Hindus, weil ihre Rechtgläubigkeit von ihrer völligen Überzeugung herrührt, dass sie richtig ist. Wir müssen nicht glauben, dass das, woran sie mit solcher Beharrlichkeit festhalten, richtig ist, aber für sie ist es das.

In unseren Büchern steht, dass ein Mensch immer wohltätig sein soll, selbst bis zum Äußersten. Wenn ein Mensch sich zu Tode hungert, um einem anderen Menschen zu helfen, um das Leben dieses Menschen zu retten, ist es in Ordnung. Es wird sogar gesagt, dass ein Mensch das tun soll. Und von einem Brahmanen wird erwartet, diese Vorstellung bis ins Letzte zu erfüllen. Jene, die mit der indischen Literatur vertraut sind, werden sich an die schöne alte Geschichte erinnern, die im Mahabharata von dieser äußersten Wohltätigkeit erzählt, wie eine ganze Familie sich zu Tode hungerte, weil sie ihre letzte Mahlzeit einem Bettler gab. Das ist keine Übertreibung, denn solche Dinge kommen noch vor.

Der Charakter des Vaters und der Mutter meines Meisters war so. Sie waren sehr arm, und doch hungerte die Mutter oft einen ganzen Tag, um einem armen Mann zu helfen. Ihnen wurde dieses Kind geboren, und es war von Kindheit an ein besonderes Kind. Er erinnerte sich an seine Vergangenheit von Geburt an und war sich dessen bewusst, zu welchem Zweck er auf die Welt gekommen war, und er widmete seine ganze Kraft der Erfüllung dieses Zwecks.

Als er noch sehr jung war, starb sein Vater, und der Junge wurde zur Schule geschickt. Ein brahmanischer Junge muss zur Schule gehen. Die Kaste beschränkt ihn auf einen Beruf als Gelehrter. Das alte indische Bildungswesen, das immer noch, besonders in Bezug auf die *Sannyasins*, in vielen Teilen des Landes verbreitet ist, unterschied sich sehr vom modernen Bildungswesen. Die Schüler mussten nichts zahlen. Man dachte, dass das Wissen so heilig sei, dass kein Mensch es verkaufen sollte. Wissen muss frei und ohne Preis gegeben werden. Die Lehrer nahmen

Schüler an, ohne etwas dafür zu verlangen, und nicht nur das, sondern die meisten von ihnen gaben ihren Schülern auch Essen und Kleidung. Um diese Lehrer zu unterstützten, machten die wohlhabenden Familien ihnen bei bestimmten Anlässen wie Hochzeiten oder Totenzeremonien Geschenke. Sie hatten als Erste Anspruch auf bestimmte Geschenke und mussten im Gegenzug ihre Schüler unterhalten.

Dieser Junge, von dem ich spreche, hatte einen älteren Bruder, einen gelehrten Hochschullehrer, und lernte bei ihm. Nach kurzer Zeit war der Junge davon überzeugt, dass das Ziel alles weltlichen Lernens nur dem materiellen Fortschritt diene, und er beschloss, das Studium aufzugeben und sich dem Streben nach spiritueller Erkenntnis zu widmen. Da der Vater tot war, war die Familie sehr arm, und dieser Junge musste seinen eigenen Lebensunterhalt verdienen.

Er ging zu einem Ort in der Nähe von Kalkutta und wurde Tempelpriester. Tempelpriester zu werden ist für einen Brahmanen sehr erniedrigend. Unsere Tempel sind keine Kirchen im eigentlichen Sinn. Sie sind keine Orte für den öffentlichen Gottesdienst, denn genau genommen gibt es in Indien keinen öffentlichen Gottesdienst. Tempel werden meist von reichen Leuten als verdienstvolle religiöse Tat errichtet. Wenn jemand sehr reich ist, will er einen Tempel bauen. Darin stellt er ein Symbol oder die Statue eines inkarnierten Gottes auf und widmet ihn der Verehrung im Namen dieses Gottes. Der Gottesdienst ist ähnlich wie der in der römisch-katholischen Kirche, der Messe sehr ähnlich. Es werden bestimmte Sätze aus den Heiligen Schriften vorgelesen, Licht wird vor der Götterstatue geschwenkt, und die Götterstatue wird in jeder Hinsicht wie ein berühmter Mensch behandelt. Das ist alles, was im Tempel geschieht. Der Mensch, der den Tempel besucht, wird deshalb nicht als ein besserer Mensch betrachtet als der, der nie hingeht. Genauer gesagt wird letzterer als der religiösere Mensch betrachtet, denn Religion ist in Indien jedermanns private Angelegenheit, und seine ganze Verehrung wird in der Privatheit seines Zuhauses ausgeführt.

Seit alter Zeit wird es in unserem Land als erniedrigend betrachtet, Tempelpriester zu werden. Es steckt noch ein anderer Gedanke dahinter, was die Bildung, aber in noch viel stärkerem Maße die Religion betrifft, nämlich die Tatsache, dass Tempelpriester eine Bezahlung für ihre Arbeit annehmen, was bedeutet, dass mit heiligen Dingen Handel getrieben wird. Somit könnt ihr euch das Gefühl dieses Jungen vorstellen, als er wegen seiner Armut gezwungen war, die einzige Beschäftigung, die ihm offenstand, die eines Tempelpriesters aufzunehmen.

Es hat in Bengalen verschiedene Dichter gegeben, deren Lieder überliefert wurden. Sie werden auf den Straßen von Kalkutta und in jedem Dorf gesungen. Die meisten sind religiöse Lieder, und ihr Hauptgedanke, der vielleicht für die indischen Religionen bezeichnend ist, ist die Vorstellung der Gotteserkenntnis. Es gibt kein Buch über Religion in Indien, das diesen Gedanken nicht verströmt. Der Mensch muss Gott erkennen, Gott fühlen, Gott sehen, mit Gott sprechen. Das ist Religion. Die indische Atmosphäre ist voller Geschichten von Heiligen, die Visionen von Gott gehabt haben. Diese Lehren bilden die Grundlage ihrer Religion. Und all diese alten Bücher und Schriften wurden von Personen geschrieben, die in direkten Kontakt mit dem Spirituellen gekommen sind. Diese Bücher wurden weder für den Verstand geschrieben, noch kann der Verstand sie verstehen, weil sie von Männern geschrieben wurden, die die Dinge, von denen sie schreiben, gesehen haben, und nur Menschen können sie verstehen, die sich zur selben Höhe aufgeschwungen haben. Sie sagen, dass es selbst in diesem Leben so etwas wie Erkenntnis gibt und dass sie jedem offensteht. Die Religion beginnt damit, dass sich diese Fähigkeit erschließt, wenn ich es so sagen darf.

Dies ist der zentrale Gedanke in allen Religionen. Und deshalb finden wir den einen vor, der über eine vollendete Fähigkeit zu predigen verfügt oder über eine völlig überzeugende Logik, der die höchsten Lehren predigt und dennoch die Leute nicht dazu bringen kann, ihm zuzuhören, und den anderen, einen armen Mann, der kaum seine Muttersprach beherrscht, aber von der halben Nation zu Lebzeiten als Gott verehrt wird.

Die Vorstellung war auf irgendeine Weise an die Öffentlichkeit gedrungen, dass er sich zum Zustand der Gotteserkenntnis erhoben hatte, dass Religion für ihn keine Spekulation mehr war, dass er in solch bedeutsamen Fragen wie Religion, die Unsterblichkeit der Seele und Gott nicht mehr im Dunkeln umhertastete. Und die Leute kamen von überall her, um ihn zu sehen, und begannen allmählich, ihn als eine Inkarnation Gottes zu verehren.

Im Tempel stand eine Götterstatue der „Seligen Mutter". Der Junge musste den Gottesdienst am Morgen und Abend ausführen, und dabei erfüllte ihn allmählich nur ein einziger Gedanke: „Was steckt hinter dieser Götterstatue? Stimmt es, dass es eine Selige Weltenmutter gibt? Stimmt es, dass sie lebt und das Weltall lenkt, oder ist das alles nur ein Traum? Steckt in der Religion irgendeine Wirklichkeit?"

Diese Skepsis erfährt fast jedes Hindu-Kind. Es ist die beständige Skepsis in unserem Land – ist das, was wir tun, wirklich? Theorien werden uns nicht zufrieden stellen, obwohl uns fast alle Theorien zur Verfügung stehen, die jemals über Gott und die Seele aufgestellt wurden. Weder Bücher noch Theorien können uns befriedigen. Der einzige Gedanke, der sich tausender unserer Leute bemächtigt, ist der Gedanke der Gotteserkenntnis. Stimmt es, dass es einen Gott gibt? Wenn ja, kann ich Ihn sehen? Kann ich die Wahrheit erkennen? Der westliche Geist mag denken, dass das alles nicht praktikabel sei. Aber für uns ist es äußerst praktikabel. Für diesen Gedanken geben die Menschen ihr Leben. Für diesen Gedanken geben tausende von Hindus jedes Jahr ihr Zuhause auf, und viele von ihnen sterben durch die Strapazen, die sie erfahren müssen. Dem westlichen Geist muss das sehr unrealistisch erscheinen, und ich verstehe den Grund für diese Sichtweise. Aber nachdem ich seit Jahren im Westen lebe, denke ich immer noch, dass dieser Gedanke die praktikabelste Sache im Leben ist.

Das Leben ist flüchtig, ob du nun ein Straßenarbeiter bist oder ein Kaiser, der Millionen regiert. Das Leben ist flüchtig, ob du bei bester oder schlechtester Gesundheit bist. Es gibt nur eine Lösung im Leben, sagt der Hindu, und diese Lösung ist das, was sie Gott und Religion nennen. Wenn sie stimmt, wird das Leben erklärbar, wird das Leben erträglich und erfreulich. Andernfalls ist das Leben eine nutzlose Bürde. Das ist unsere Vorstellung, aber kein noch so logisches Denken kann es beweisen. Man kann es nur mutmaßen, und dabei bleibt es. Tatsachen werden nur von den Sinnen aufgenommen. Und wir müssen Religion fühlen, um sie uns zu beweisen. Wir müssen Gott fühlen, um davon überzeugt zu sein, dass es einen Gott gibt. Nichts als unsere eigene Wahrnehmung kann diese Dinge für uns wirklich machen.

Dieser Gedanke ergriff von dem Jungen Besitz, und sein ganzes Leben konzentrierte sich darauf. Tag um Tag weinte er und fragte: „Mutter, ist es wahr, dass Du existierst, oder ist das alles nur Dichtung? Ist die

Selige Mutter eine Vorstellung der Dichter und fehlgeleiteten Leute, oder gibt es solch eine Wirklichkeit?"

Wir haben gesehen, dass er keine Bücher, keine Ausbildung im eigentlichen Sinn besaß, und umso natürlicher, umso gesünder war sein Geist, umso reiner seine Gedanken, ungetrübt vom Aufsaugen der Gedanken anderer. Dieser Gedanke, der seinen Geist beherrschte, wurde täglich stärker, bis er an nichts anderes mehr denken konnte. Er konnte den Gottesdienst nicht mehr ordnungsgemäß ausführen, konnte sich nicht mehr um die genauen Details der verschiedenen Kleinigkeiten kümmern. Oft vergaß er, die Opfergabe vor die Götterstatue zu legen. Manchmal vergaß er, die Lichter zu schwenken, dann wieder schwenkte er sie den ganzen Tag über und vergaß alles andere. Schließlich war es ihm unmöglich, im Tempel zu dienen. Er verließ seinen Dienst, ging in einen kleinen Wald in der Nähe und lebte dort.

Über diesen Teil seines Lebens hat er mir oft erzählt, dass er nicht sagen konnte, wann die Sonne auf- oder unterging und auch nicht, wie er lebte. Er verlor jeden Gedanken an sich und vergaß zu essen. Während dieser Zeit wurde er liebevoll von einem Verwandten überwacht, der ihm Nahrung in den Mund lege, die er mechanisch schluckte. Tage und Nächte vergingen auf diese Weise für den Jungen. Gegen Abend, wenn ein ganzer Tag verstrichen war, wenn das Glockengeläut im Tempel und die Stimmen der singenden

Menschen den Wald erreichten, machte das den Jungen sehr traurig, und er rief: „Wieder ein vergeblicher Tag, Mutter, und Du bist nicht gekommen! Ein Tag dieses kurzen Lebens ist vergangen, und ich habe die Wahrheit nicht erkannt!" In seiner Seelenqual rieb er manchmal sein Gesicht am Boden und weinte.

Das ist der ungeheure Durst, der das menschliche Herz erfasst. Später sagte derselbe Mann zu mir: „Mein Kind, nimm einmal an, in einem Zimmer liegt ein Beutel voll Gold, und im Zimmer nebenan ist ein Räuber. Kannst du dir vorstellen, dass der Räuber schlafen kann? Er kann es nicht. Er denkt beständig daran, wie er in das Zimmer gelangen und das Gold an sich bringen kann. Kannst du dir vorstellen, dass ein Mensch, der fest davon überzeugt ist, dass es hinter allen Empfindungen eine Wirklichkeit gibt, dass es einen Gott gibt, dass es einen gibt, der niemals stirbt, einen, der die unendliche Fülle der Seligkeit ist, eine Seligkeit, verglichen mit der die Sinnesfreuden nur Spielereien sind, zufrieden sein kann, ohne zu kämpfen, um sie zu erlangen? Kann er nur für einen Augenblick aufhören, sich zu bemühen? Nein. Er wird wahnsinnig vor Sehnsucht."

Diese göttliche Verrücktheit ergriff den Jungen. Damals hatte er keinen Lehrer, keinen, der ihm etwas sagen konnte, außer dass jeder dachte, dass er verrückt geworden sei. So ist es gewöhnlich in solch einem Fall. Wenn ein Mensch die Nichtigkeiten der Welt beiseite wirft, wird er als verrückt bezeichnet, aber diese Menschen sind das Salz der Erde. Aus solcher Verrücktheit ist die Kraft entstanden, die unsere Welt bewegt hat, und allein aus solcher Verrücktheit wird die Kraft der Zukunft für diese Welt kommen.

So vergingen Tage, Wochen und Monate im beständigen Kampf der Seele nach der Wahrheit. Der Junge begann, Visionen zu haben. Er sah wunderbare Dinge. Die Geheimnisse seines Wesens begannen sich ihm zu erschließen. Schleier um Schleier wurde von ihm genommen. Die Mutter selbst wurde zur Lehrerin und weihte den Jungen in die Wahrheiten ein, die er suchte.

In dieser Zeit kam eine Frau zu diesem Ort, die schön anzusehen und unvergleichlich gelehrt war. Später sagte der Heilige über sie, dass sie nicht nur gelehrt, sondern die Verkörperung der Gelehrsamkeit war. Sie war die Gelehrsamkeit selbst in menschlicher Gestalt. Auch hier findet ihr die Besonderheit der indischen Nation. Inmitten der Unwissenheit, in der die durchschnittliche Hindu-Frau lebt, inmitten dessen, was von den westlichen Ländern als Unfreiheit der Frau bezeichnet wird, konnte eine Frau mit dieser höchsten Spiritualität hervorgehen. Sie war eine *Sannyasin*, denn Frauen geben auch die Welt auf, werfen ihren Besitz fort, heiraten nicht und widmen sich der Verehrung des Herrn. Sie kam, und als sie von dem Jungen im Wald, hörte, bot sie an, ihn aufzusuchen. Und ihre Hilfe war die erste, die er erhielt. Sofort erkannte sie, was sein Problem war, und sagte zu ihm: „Mein

31

Sohn, gesegnet ist der Mensch, den solche Verrücktheit befällt. Das ganze Weltall ist verrückt. Einige sind verrückt nach Reichtum, einige nach Sinnesfreuden, einige nach Berühmtheit, einige nach hundert anderen Dingen. Gesegnet ist der Mensch, der nach Gott verrückt ist. Es gibt nur sehr wenige solcher Menschen." Diese Frau blieb mehrere Jahre bei dem Jungen, unterrichtete ihn in den verschiedenen indischen Religionen, weihte ihn in die verschiedenen Yogapraktiken ein und führte und harmonisierte sozusagen diesen gewaltigen Fluss von Spiritualität.

Später kam ein Sannyasin in diesen Wald, einer der Bettelmönche Indiens, ein Gelehrter und Philosoph. Er war ein besonderer Mann und ein Idealist. Er glaubte nicht, dass diese Welt in Wirklichkeit existiert, und um zu beweisen, dass er nie ein Haus betrat, lebte er immer draußen, in Sturm und bei Sonnenschein. Dieser Mann begann, den Jungen in der Philosophie der *Veden* zu unterrichten und entdeckte zu seinem Erstaunen sehr bald, dass der Schüler in mancher Hinsicht weiser als der Meister war. Er verbrachte mehrere Monate mit dem Jungen, nach denen er ihn in den Orden der *Sannyasins* einweihte und sich verabschiedete.

Die Verwandten des Jungen dachten, dass sein Wahnsinn geheilt werden könne, wenn sie ihn verheiraten würden. Manchmal werden in Indien junge Kinder von ihren Eltern und Verwandten verheiratet, ohne dass sie dazu ihre Einwilligung geben. Dieser Junge wurde im Alter von etwa achtzehn mit einem kleinen Mädchen von fünf verheiratet. Natürlich ist solch eine Heirat nur eine Verlobung. Die wirkliche Hochzeit findet statt, wenn die Frau älter wird. Dann ist es Sitte, dass der Ehemann seine Braut zu sich nach Hause holt. In diesem Fall hatte der Ehemann jedoch völlig vergessen, dass er eine Frau hatte. In ihrer weit entfernten Heimat hatte das Mädchen gehört, dass ihr Ehemann ein religiöser Enthusiast geworden war und dass viele ihn sogar für geisteskrank hielten. Sie beschloss, die Wahrheit selbst herauszufinden, und machte sich zu Fuß auf den Weg zum Ort, wo ihr Mann lebte.

Als sie schließlich bei ihrem Mann war, gestand er ihr sofort zu, dass sie ein Recht auf sein Leben hatte, obwohl ihn Indien jede Person, sei es Mann oder Frau, die das religiöse Leben umarmt, dadurch von anderen Verpflichtungen befreit ist. Der junge Mann fiel seiner Frau zu Füßen und sagte: „Ich habe gelernt, jede Frau als Mutter zu betrachten, aber ich stehe dir zu Diensten." Das Mädchen war eine reine und edle Seele und konnte das Streben ihres Mannes verstehen und nachempfinden. Sie sagte schnell zu ihm, dass sie keinen Wunsch habe, ihn zu einem weltlichen Leben hinunterzuziehen, sondern dass sie sich nur wünsche, in seiner Nähe zu sein, ihm zu dienen und von ihm zu lernen. Sie wurde seine ergebenste Schülerin und verehrte ihn immer als ein göttliches Lebewesen. Somit wurde durch die Zustimmung seiner Frau das letzte

Hindernis beseitigt, und er war frei, das Leben zu führen, das er erwählt hatte.

Der nächste Wunsch, den seine Seele ergriff, war, die Wahrheit über die verschiedenen Religionen zu kennen. Bis jetzt hatte er nur seine eigene Religion gekannt. Er wollte verstehen, wie andere Religionen sind. Deshalb suchte er sich Lehrer aus anderen Religionen.

Ihr müsst immer daran denken, was wir in Indien unter einem Lehrer verstehen – keinen Bücherwurm, sondern einen Menschen, der Erkenntnis besitzt, einer, der die Wahrheit aus erster Hand kennt und nicht Jahrhunderte später. Er fand einen mohammedanischen Heiligen und lebte mit ihm. Er unterzog sich den Übungen, die er vorschrieb, und zu seinem Erstaunen fand er heraus, dass diese frommen Methoden, wenn man sie sorgfältig ausführte, ihn zum selben Ziel führten, das er bereits erlangt hatte. Er sammelte ähnliche Erfahrungen, indem er der wahren Religion von Jesus Christus folgte.

Er ging zu verschiedenen Glaubensrichtungen in unserem Land, die ihm zugänglich waren. Alles, was er aufgriff, tat er mit ganzem Herzen. Er befolgte genau, was man ihm sagte, und jedes Mal kam er zum selben Resultat. So wusste er aus eigener Erfahrung, dass das Ziel jeder Religion dasselbe ist, dass jede von ihnen versucht, dasselbe zu lehren, dass der Unterschied größtenteils in der Methode besteht und noch mehr in der Sprache. Im Kern verfolgen aber alle Glaubensrichtungen und alle Religionen dasselbe Ziel.

Dann kam er zur Überzeugung, dass, um vollkommen zu sein, der Gedanke an die Geschlechtlichkeit gehen musste, weil die Seele kein Geschlecht kennt und weder männlich noch weiblich ist. Das Geschlecht existiert nur im Körper. Der Mensch, der den Geist erreichen will, kann nicht zugleich an geschlechtlichen Unterschieden festhalten. Da er in einem männlichen Körper geboren war, wollte er nun in alles den weiblichen Gedanken bringen. Er begann zu denken, er sei eine Frau, und kleidete sich wie eine Frau, sprach wie eine Frau, gab die Beschäftigungen der Männer auf und lebte unter den Frauen seiner eigenen Familie, bis sich nach Jahren dieser Übung sein Geist veränderte und er den Gedanken an Geschlechtlichkeit völlig vergaß. Jeder Gedanke daran verschwand, und seine ganze Lebensanschauung veränderte sich.

Wir hören im Westen, dass Frauen verehrt werden. Aber das gilt gewöhnlich ihrer Jugend und Schönheit. Dieser Mann meinte mit der Verehrung der Frau, dass für ihn jedes weibliche Gesicht das der Seligen Mutter war und nichts anderes. Ich habe selbst gesehen, wie dieser Mann vor jenen Frauen stand, die die Gesellschaft verachtet, und ihnen in Tränen gebadet zu Füßen fiel und sagte: „Mutter, in der einen Gestalt bist Du auf der Straße, in der anderen Gestalt bist Du das Universum. Ich grüße Dich, Mutter, ich grüße Dich." Denk an die Seligkeit eines Lebens, aus dem alle

Fleischeslust verschwunden ist, wenn das Gesicht jeder Frau verwandelt ist und nur das Gesicht der Göttlichen Mutter, der Seligen, der Beschützerin der Menschheit auf den Mann niederstrahlt, der jede Frau mit solcher Liebe und Verehrung betrachten kann! Das ist es, was wir brauchen. Meint ihr, dass die Göttlichkeit, die hinter jeder Frau steht, jemals betrogen werden kann? Sie wurde es niemals und wird es niemals sein. Unbewusst behauptet sie sich. Unfehlbar spürt sie den Betrug auf, sie spürt Heuchelei auf. Unfehlbar spürt sie die Wärme der Wahrheit, das Licht der Spiritualität, die Heiligkeit der Reinheit. Solche Reinheit ist unbedingt nötig, um wahre Spiritualität zu erlangen.

Diese völlige, unbefleckte Reinheit kam ins Leben dieses Mannes. Alle Kämpfe, die wir in unserem Leben ausfechten, waren für ihn vorbei. Seine hart verdienten Juwelen der Spiritualität, für die er drei Viertel seines Lebens geopfert hat, waren jetzt bereit, der Menschheit gegeben zu werden. Und dann begann seine Mission. Seine Lehre und Predigt waren besonders. Er nahm nie die Stellung eines Lehrers ein. In unserem Land ist der Lehrer die am meisten verehrte Person. Er wird als Gott selbst betrachtet. Wir haben nicht einmal solchen Respekt für Vater und Mutter. Vater und Mutter geben uns unseren Körper, aber der Lehrer zeigt uns den Weg zur Befreiung. Wir sind seine Kinder, wir seine geistigen Nachfolger. Alle Hindus kommen, um einem außergewöhnlichen Lehrer die Ehre zu erweisen. Sie scharen sich um ihn. Und hier war solch ein Lehrer, aber der Lehrer wusste nicht, ob er respektiert werden sollte oder nicht. Er hatte nicht die geringste Vorstellung, dass er ein großer Lehrer war. Er dachte, dass es die Mutter sei, die alles tat, und nicht er. Er sagte immer: „Wenn etwas Gutes von meinen Lippen kommt, dann ist es die Mutter, die spricht. Was habe ich damit zu tun?" Das war seine einzige Vorstellung von seiner Arbeit, und bis zu seinem Todestag gab er sie nie auf. Dieser Mann suchte niemand. Sein Grundsatz war, zuerst den Charakter zu formen, zuerst Spiritualität zu erlangen, und das Ergebnis wird sich von selbst einstellen. Sein berühmtes Beispiel dafür war: „Wenn sich der Lotus öffnet, kommen die Bienen von selbst auf der Suche nach Honig. Also lass den Lotus deines Charakters voll erblühen, und das Ergebnis wird folgen." Das ist eine große Lektion.

Mein Meister lehrte mich diese Lektion hunderte Male, aber ich vergaß sie oft. Wenige verstehen die Macht des Gedankens. Wenn ein Mensch in eine Höhle geht, sich einschließt, einen wirklich großen Gedanken hat und stirbt, wird dieser Gedanke die stahlharten Wände der Höhle durchdringen, durch den Raum schwingen und schließlich die ganze Menschheit durchdringen. Solche Macht besitzt der Gedanke. Sei deshalb nicht in Eile, anderen deine Gedanken mitzuteilen. Zuerst habe etwas, was du geben kannst. Jener allein lehrt, der etwas zu geben hat, denn lehren ist nicht sprechen, lehren ist nicht, Lehrmeinungen weiterzugeben, es ist Mitteilung.

Spiritualität kann so wirklich mitgeteilt werden, wie ich dir eine Blume geben kann. Das ist im buchstäblichen Sinn wahr. Diese Vorstellung ist sehr alt in Indien und findet ihr Abbild im Westen im Glauben, in der Theorie der apostolischen Nachfolge. Deshalb bilde zuerst deinen Charakter – das ist die höchste Pflicht, die du erfüllen kannst. Erkenne selbst die Wahrheit, und es wird viele geben, denen du sie nachher lehren kannst. Sie werden alle kommen. Dies war die Einstellung meines Meisters – er kritisierte keinen.

Jahrelang lebte ich mit diesem Mann, aber nie habe ich gehört, dass diese Lippen irgendeine Glaubensrichtung verurteilt hätten. Er hegte für sie alle dieselbe Sympathie. Er hatte die Harmonie zwischen ihnen gefunden. Ein Mensch kann gebildet sein, fromm, ein Mystiker oder aktiv. Die verschiedenen Religionen repräsentieren den einen oder anderen dieser Typen. Doch es ist möglich, dass ein Mensch alle vier Arten kombiniert, und das ist es, was die künftige Menschheit tun wird. Das war seine Vorstellung. Er verurteilte keinen, sondern sah in allen das Gute.

Die Leute kamen zu Tausenden, um diesen wundervollen Mann zu sehen, ihn in seinem Dialekt sprechen zu hören, wobei jedes Wort machtvoll und von Licht erfüllt war. Denn es geht nicht darum, was gesagt wird, noch viel weniger um die Sprache, in der es gesagt wird, sondern um die Persönlichkeit des Sprechers, die in allem wohnt, was er sagt, die von Bedeutung ist. Jeder von uns spürt das manchmal. Wir hören großartige Predigen, wunderbar durchdachte Reden und gehen nach Hause und vergessen alles. Ein anderes Mal hören wir einige Worte in der einfachsten Sprache, und sie begleiten uns unser ganzes Leben lang, werden ein fester Bestandteil von uns selbst und bringen dauerhafte Ergebnisse. Die Worte eines Menschen, der seine Persönlichkeit in sie hineinlegen kann, zeigen Wirkung, aber er muss eine ungeheuer starke Persönlichkeit haben. Alles Lehren ist Geben und Nehmen. Der Lehrer gibt, und der Belehrte empfängt, aber der eine muss etwas zu geben haben, und der andere muss offen sein, es zu empfangen.

Dieser Mann ließ sich in der Nähe von Kalkutta nieder, der Hauptstadt Indiens[3], der wichtigsten Universitätsstadt in unserem Land, die jedes Jahr Hunderte von Skeptikern und Materialisten entsandte, doch die großen Männer von den verschiedenen Universitäten kamen zu ihm und hörten ihm zu.

Ich erfuhr von diesem Mann und ging zu ihm, um ihm zuzuhören. Er sah wie ein gewöhnlicher Mann aus. Es war nichts Besonderes an ihm. Er gebrauchte die einfachste Sprache, und ich dachte: „Kann dieser Mann ein großer Lehrer sein?" Ich schlich mich näher an ihn heran und stellte ihm die Frage, die ich anderen mein ganzes Leben lang gestellt hatte: „Herr, glaubst du an Gott?" „Ja", antwortete er. „Kannst du es beweisen?"

---

[3] Hauptstadt von British India

39

„Ja." „Wie?" „Weil ich Ihn genauso sehe wie ich dich hier sehe, nur noch viel intensiver." Das hat mich sofort beeindruckt.

Zum ersten Mal hatte ich einen Mann gefunden, der es wagte zu sagen, dass er Gott sehe, dass Religion wahr sei, dass man sie spüren könne, dass man sie auf viel intensivere Weise wahrnehmen könne, als wir die Welt wahrnehmen. Ich kam dem Mann täglich näher und erkannte tatsächlich, dass Religion gegeben werden kann. Eine Berührung, ein Blick kann ein ganzes Leben verändern. Ich hatte von Buddha, Christus und Mohammed gelesen, von all den verschiedenen Berühmtheiten alter Zeiten, wie sie aufgestanden sind und gesagt haben: „Sei gesund!", und der Mensch wurde gesund. Ich fand jetzt heraus, dass es wahr ist, und wenn ich diesen Mann sah, war aller Skeptizismus wie weggefegt. Es war möglich, und mein Meister pflegte zu sagen: „Religion kann auf greifbarere und wirklichere Art gegeben und genommen werden als alles andere in der Welt."

Sei deshalb zuerst spirituell. Hab etwas zu geben. Dann trete vor die Welt und gib es. Religion ist weder Gerede noch Lehren noch Theorien noch Sektierertum. Religion kann nicht in Glaubensrichtungen und Gesellschaften leben. Es ist die Beziehung zwischen der Seele und Gott. Wie kann das in einer Gesellschaft geschehen? Sie würde dann in ein Geschäft entarten, und wo immer es ein Geschäft oder Geschäftsprinzipien in der Religion gibt, dort stirbt die Spiritualität.

Religion besteht nicht darin, Tempel zu errichten oder Kirchen zu bauen oder den öffentlichen Gottesdienst zu besuchen. Sie kann weder in Büchern noch in Worten, Vorträgen oder Organisationen gefunden werden. Religion besteht aus Erkenntnis.

Es ist eine Tatsache: Wir alle wissen, dass nichts uns befriedigen wird, bis wir die Wahrheit selbst erkennen. Wir können daraus folgern, dass, soviel wir auch hören mögen, nur das Eine uns zufriedenstellen wird, und das ist unsere eigene Erkenntnis. Und solch eine Erfahrung ist jedem von uns möglich, wenn wir es nur versuchen würden. Das erste Ideal bei diesem Versuch, Religion umzusetzen, ist die Entsagung. Wir müssen so viel aufgeben, wie wir können. Licht und Dunkelheit, Freude an der Welt und Freude an Gott werden nie zusammengehen. "Du kannst nicht Gott dienen und dem Mammon."

Der zweite Gedanke, den ich von meinem Meister lernte und der vielleicht der wesentlichste ist, ist die wunderbare Wahrheit, dass die Religionen der Welt sich weder widersprechen noch einander entgegenstehen. Sie sind nur verschiedene Phasen der einen, ewigen Religion. Die grenzenlose Religion existiert seit ewiger Zeit und wird immer existieren, und diese Religion drückt sich in verschiedenen Ländern auf unterschiedliche Weise aus. Deshalb müssen wir alle Religionen respektieren und versuchen, sie alle soweit zu akzeptieren, wie wir können. Religionen zeigen sich nicht nur je nach Rasse oder geografischer Lage, sondern nach individueller Stärke. In dem einen Menschen manifestiert sich Religion als intensives Handeln, als Arbeit. In einem anderen manifestierte sie sich als intensive Hingabe und in noch einem anderen als Mystik, als Philosophie und so fort. Es ist falsch, wenn wir zu anderen sagen: „Eure Methoden sind nicht richtig."

Sich dieses wesentliche Geheimnis anzueignen, dass die Wahrheit zugleich eine und auch viele ist, dass wir verschiedene Sichtweisen derselben Wahrheit je nach Standpunkt haben, ist genau das, was getan werden muss. Dann werden wir unendliche Sympathie mit allen anstatt Feindseligkeit gegenüber irgendjemand haben. Wenn wir wissen, dass, solange verschiedene Gemütsarten in dieser Welt geboren werden, sie verschiedene Anwendungen derselben religiösen Wahrheit benötigen, dann werden wir verstehen, dass wir Geduld miteinander haben müssen. Genauso wie die Natur Einheit in der Vielfalt ist, eine unendliche Mannigfaltigkeit der Erscheinungswelt, wobei hinter all dieser Vielfalt das Unendliche, Unveränderbare, Absolute steht, so ist es mit jedem Menschen. Der Mikrokosmos ist nur eine miniaturhafte Wiederholung des Makrokosmos. Trotz all dieser Mannigfaltigkeit fließt in und durch sie diese ewige Harmonie, und das müssen wir erkennen.

Diesen Gedanken halte ich vor allen anderen Gedanken für die heutige Zeit unbedingt für nötig. Da ich aus einem Land komme, das die Brutstätte der religiösen Glaubensrichtungen ist – sei es ein Glück oder Unglück, jeder, der eine religiöse Idee hat, will seine Vorhut dorthin schicken – bin ich von Kindheit an mit den verschiedenen Glaubensrichtungen der Welt vertraut. Selbst die Mormonen kamen zum Predigen nach Indien. Seien sie alle willkommen! Das ist der Nährboden, auf dem man Religion predigt. Dort schlägt sie besser Wurzeln als in jedem anderen Land.

Wenn du kommst und den Hindus Politik beibringen willst, verstehen sie es nicht, aber wenn du kommst, um über Religion zu predigen, wirst du in kürzester Zeit hunderte und tausende Nachfolger haben, wie eigenartig deine Lehre auch sein mag. Und du hast jede Chance, zu Lebzeiten ein lebender Gott zu werden. Ich bin froh, dass es so ist. Es ist das Einzige, was wir in Indien wollen.

Die hinduistischen Glaubensrichtungen sind vielfältig, fast unzählig, und einige widersprechen sich hoffnungslos. Trotzdem sagen sie dir alle, dass sie nur verschiedene Manifestationen der Religion sind. „Verschiedene Flüsse, die auf verschiedenen Bergen entspringen und einen gewundenen oder geraden Verlauf nehmen, münden alle ins Meer und vermischen ihr Wasser mit ihm. Ebenso kommen die verschiedenen Glaubensrichtungen mit ihren verschiedenen Ansichten schließlich alle zu Dir."

Dies ist keine Theorie. Es muss erkannt werden, aber nicht auf diese herablassende Art, die wir bei manchen sehen. "Oh ja, einiges daran ist sehr gut."

(Manche hegen sogar die wunderbar liberale Vorstellung, dass andere Religionen Überbleibsel der vorgeschichtlichen Evolution seien, aber „unsere Religion ist die Erfüllung der Dinge".) Der eine sagt, seine Religion sei die beste, weil sie die älteste sei. Ein anderer behauptet dasselbe, weil sie die jüngste Religion sei. Wir müssen erkennen, dass jede von ihnen dieselbe rettende Kraft wie alle anderen besitzt. Es ist purer Aberglaube, den du überall hörst, entweder im Tempel oder in der Kirche, dass es einen Unterschied gäbe. Derselbe Gott antwortet allen, und weder du noch ich oder irgendjemand sonst ist für die Sicherheit und Erlösung des kleinsten Teils der Seele verantwortlich. Derselbe allmächtige Gott ist für sie alle verantwortlich.

Ich verstehe nicht, wie Leute sich als Gläubige bezeichnen können und zugleich denken, dass Gott einem Häuflein Menschen alle Wahrheit übergeben hat und dass sie die Hüter des Restes der Menschheit seien. Versuche nicht, den Glauben eines Menschen zu zerstören. Wenn du ihm etwas Besseres geben kannst, wenn du einen Menschen dort erfassen kannst, wo er steht, und ihm einen Stoß nach oben versetzen kannst, dann tu es, aber zerstöre nicht, was er hat. Der einzig wahre Lehrer ist jener, der sich jederzeit in tausend Personen verwandeln kann. Der einzig wahre Lehrer ist jener, der sofort auf die Ebene des Schülers herabkommen und seine Seele in die Seele des Schülers versetzen kann. Er kann mit den Augen des Schülers sehen, mit seinen Ohren hören und mit seinem

Verstand verstehen. Solch ein Lehrer kann wirklich lehren und kein anderer. All diese negativen, niederreißenden, destruktiven Lehrer in der Welt können niemals etwas Gutes bewirken.

In der Gegenwart meines Meisters habe ich herausgefunden, dass der Mensch vollkommen sein kann, selbst in seinem Körper. Diese Lippen verfluchten keinen, kritisierten keinen. Diese Augen konnten nichts Böses sehen. Dieser Verstand hatte die Kraft verloren, Böses zu denken. Er sah nur das Gute. Diese enorme Reinheit, diese enorme Entsagung ist das einzige Geheimnis der Spiritualität. „Weder durch Wohlstand noch durch Nachkommen, sondern allein durch Entsagung kann Unsterblichkeit erlangt werden", sagen die *Veden*. „Verkaufe alles, was du hast, gib es den Armen, und folge mir nach", sagt Jesus. So haben alle großen Heiligen und Propheten es ausgedrückt und in ihrem Leben ausgeführt. Wie kann sich große Spiritualität ohne diese Entsagung einstellen? Entsagung ist der Hintergrund jeden religiösen Gedankens. Und du wirst immer feststellen: Je mehr dieser Gedanke der Entsagung nachlässt, desto mehr schleichen sich die Sinne in den Bereich der Religion ein, und die Spiritualität nimmt im gleichen Verhältnis ab.

Dieser Mann war die Verkörperung der Entsagung. In unserem Land muss ein Mensch, der ein *Sannyasin* wird, allen weltlichen Wohlstand und seine Stellung aufgeben, und mein Meister hat das buchstäblich ausgeführt. Es gab viele, die sich gesegnet gefühlt hätten, wenn er ein Geschenk von ihnen angenommen hätte, die ihm gern tausende Geschenke gegeben hätten, aber das waren die einzigen Menschen, von denen er sich abwandte. Er war ein triumphierendes Beispiel, eine lebende Verwirklichung der völligen Überwindung von Lust und Geldgier. Er war jenseits all dieser Gedanken, und solche Menschen braucht dieses Land. Solche Entsagung ist in diesen Tagen nötig, in denen die Menschen glauben, sie könnten keinen Monat ohne ihre „lebensnotwendigen Dinge" leben, die sie in geometrischem Ausmaß vermehren. In einer Zeit wie dieser ist es nötig, dass ein Mensch auftaucht, um den Skeptikern in der Welt zu zeigen, dass dort ein Mensch atmet, der sich keinen Deut um alles Gold und allen Ruhm der Welt schert. Noch gibt es solche Menschen.

Den ersten Teil seines Lebens verbrachte mein Meister damit, Spiritualität zu erlangen, und die bleibenden Jahre damit, sie zu verteilen. Die Menschen kamen in Scharen, um ihn zu hören, und er sprach zwanzig Stunden am Tag, und das nicht nur an einem Tag, sondern Monat für Monat, bis schließlich sein Körper unter der enormen Belastung zusammenbrach. Seine intensive Liebe für die Menschheit ließ es nicht zu, dass er selbst dem Niedrigsten der Tausenden, die seine Unterstützung suchten, seine Hilfe verweigerte.

Allmählich entwickelte sich eine ernste Halskrankheit, und trotzdem konnte er nicht davon überzeugt werden, diese Strapazen zu unterlassen. Sobald er hörte, dass die Leute ihn sehen wollten, bestand er darauf, dass sie zu ihm gelassen wurden, und beantwortete alle ihre Fragen. Es gab für ihn keine Erholung. Einmal fragte ihn ein Mann: „Herr, du bist ein großer Yogi. Warum konzentrierst du deinen Geist nicht ein wenig auf deinen Körper und heilst deine Krankheit?" Zunächst antwortete er nicht, aber als die Frage wiederholt wurde, sagte er sanft: „Mein Freund, ich habe geglaubt, du seist ein Weiser, aber du sprichst wie die anderen weltlichen Menschen. Dieser Geist gehört dem Herrn. Willst du damit sagen, dass ich ihn zurücknehmen und auf den Körper richten sollte, der nur ein Käfig für die Seele ist?"

So predigte er weiterhin zu den Leuten. Die Neuigkeit verbreitete sich, dass er bald sterben würde, und die Leute strömten in noch größeren Scharen zu ihm als jemals zuvor. Ihr könnt euch nicht vorstellen, wie die Leute in Indien zu diesen religiösen Lehrern strömen, die Mengen, die sich um sie scharen, und wie sie noch zu ihren Lebzeiten Götter aus ihnen machen. Tausende sind bereit, nur den Saum ihres Gewandes zu berühren. Durch diese Wertschätzung der Spiritualität in anderen wird Spiritualität hervorgebracht. Was immer ein Mensch will und wertschätzt, das wird er bekommen, und es ist dasselbe mit ganzen Völkern. Wenn du nach Indien gehst und einen politischen Vortrag hältst, wirst du kaum Leute finden, die dir zuhören, wie großartig er auch sein mag. Aber gehe hin und lehre Religion, lebe sie und sprich nicht nur darüber, und Hunderte werden sich um dich versammeln, nur um dich zu sehen und deine Füße zu berühren.

Als die Leute hörten, dass dieser heilige Mann sie bald verlassen würde, versammelten sich mehr Menschen um ihn als jemals zuvor. Und mein Meister belehrte sie weiterhin, ohne im Geringsten auf seine Gesundheit Rücksicht zu nehmen. Wir konnten das nicht verhindert. Viele Leute kamen von weit her, und er ruhte sich nicht aus, ehe er ihre Fragen beantwortet hatte. "Solange ich sprechen kann, muss ich sie belehren", sagte er, und er hielt sein Wort.

Eines Tages sagte er uns, dass er an diesem Tag seinen Körper ablegen würde, und während er das heiligste Wort der *Veden*[4] wiederholte, ging er in *Samadhi* ein, und so starb er. Seine Gedanken und seine Botschaft kannten nur wenige, die sie auch lehren konnten. Unter anderem hinterließ er einige Jünglinge, die der Welt entsagt hatten und bereit waren, seine Arbeit fortzuführen. Es gab Versuche, sie zu unterdrücken. Aber sie waren standhaft, da sie von diesem großartigen Leben vor ihnen inspiriert worden waren. Da sie jahrelang mit diesem gesegneten Leben in Kontakt gewesen waren, behaupteten sie sich. Diese jungen Männer lebten als *Sannyasins* und bettelten in den Straßen der Stadt, in der sie geboren wurden, obwohl einige von ihnen aus Familien der Oberschicht

---

[4] gemeint ist die heilige Silbe OM

stammten. Zunächst trafen sie auf große Feindseligkeit, aber sie hielten durch und machten mit der Ver-
breitung der Botschaft dieses großen Mannes in ganz
Indien weiter, bis das ganze Land mit dem Gedankengut erfüllt war, das er gepredigt hatte.

Dieser Mann aus einem entlegenen bengalischen
Dorf, der ungebildet war und durch die bloße Kraft
seiner Entschlossenheit die Wahrheit erkannt und anderen gegeben hat, hinterließ nur einige Jünglinge, um
sie lebendig zu erhalten. Heute ist der Name von Sri
Ramakrishna Paramhamsa in ganz Indien mit seinen
Millionen von Menschen bekannt. Ja, die Kraft dieses
Mannes hat sich sogar über Indien hinaus verbreitet,
und wenn ich jemals ein Wort der Wahrheit, ein Wort
der Spiritualität irgendwo in der Welt gesprochen
habe, dann verdanke ich es meinem Meister. Nur die
Fehler sind meine eigenen.

Dies ist die Botschaft von Sri Ramakrishna an die moderne Welt: „Kümmert euch nicht um Lehren, kümmert euch nicht um Dogmen, Glaubensrichtungen,
Kirchen oder Tempel. Sie bedeuten nur wenig verglichen mit der Essenz des Lebens in jedem Menschen,
die Spiritualität. Und je mehr sie sich in einem Menschen entfaltet, desto mächtiger ist er auf Dauer. Er-
lange das zuerst, erwirb dir das und kritisiere keinen,
denn alle Lehren und Glauben haben etwas Gutes.
Zeige durch dein Leben, dass mit Religion weder
Worte noch Namen und Glaubensrichtungen gemeint
sind, sondern spirituelle Erkenntnis. Nur jene können

das verstehen, die es empfunden haben. Nur jene, die Spiritualität erlangt haben, können sie anderen mitteilen, können große Lehrer der Menschheit sein. Nur sie sind die Mächte des Lichtes." Je mehr solche Menschen ein Land hervorbringt, desto mehr erhebt sich dieses Land. Und das Land, in dem es überhaupt keine solchen Menschen gibt, ist einfach dem Untergang geweiht. Nichts kann es retten.

Deshalb ist die Botschaft meines Meisters an die Menschheit: „Sei spirituell und erkenne selbst die Wahrheit." Er würde dich dazu bewegen, zum Wohl deiner Mitmenschen Verzicht zu üben. Er würde dich dazu bewegen aufzuhören, über Liebe zu deinen Brüdern zu reden und sie in die Tat umzusetzen, um deine Worte zu beweisen. Die Zeit für die Entsagung, für die Erkenntnis ist gekommen, und dann wirst du die Harmonie in allen Weltreligionen erkennen. Du wirst wissen, dass Streit unnötig ist, und nur dann bist du bereit, der Menschheit zu helfen. Die grundlegende Einheit, die allen Religionen zugrunde liegt, zu verkünden und klar herauszustellen, das war der Auftrag meines Meisters. Andere Lehrer haben besondere Religionen gelehrt, die ihren Namen tragen, aber dieser große Lehrer des 19. Jahrhunderts erhob für sich selbst keinen Anspruch und ließ jede Religion unbehelligt, weil er erkannt hatte, dass sie alle in Wirklichkeit ein fester Bestandteil der ewigen Religion sind.

PARAMHAMSA SRIMAT
RAMAKRISHNA

Folgender kurzer Bericht über diesen außergewöhnlichen Mann stammt aus einem Artikel von Protap Chunder Mazoomdar, der im Theistic Quarterly Review im Oktober 1879 erschienen ist. Er dient dazu, die Empfindungen, die Sri Ramakrishna unter seinen Zeitgenossen ausgelöst hat, aufzuzeigen. Sogar der berühmte Führer des *Brahmo-Samaj*, Keshab Chandra Sen[5], kam oft, um ihm zuzuhören, und wurde von seiner Lehre in beträchtlichem Maß beeinflusst. Sri Ramakrishna wurde am 20. Februar 1833[6] geboren. Er verließ die Welt am 16. August 1886.

***

Mein Geist schwebt immer noch in der leuchtenden Atmosphäre, die dieser wundervolle Mann um sich herum verbreitet, wann und wohin immer er geht. Mein Geist ist noch nicht von dem geheimnisvollen und unbestimmbaren Pathos ernüchtert, das er ihm bei jedem unserer Begegnungen einflößt. Welche Gemeinsamkeit gibt es zwischen ihm und mir? Ich bin ein europäisierter, zivilisierter, egozentrischer, halbskeptischer, sogenannter gebildeter Denker und er ein armer, ungebildeter, ungehobelter, halb-götzendienerischer, freundloser Hindu-Verehrer. Warum sollte

---

[5] ein bekannter Anführer des *Brahmo-Samaj*, der mit Ramakrishna intensiven Umgang pflegte
[6] Es müsste 18. Februar 1836 heißen.

ich lange Stunden dasitzen und mich ihm widmen, ich, der ich Disraeli und Fawcett, Stanley und Max Müller gehört habe und viele europäische Gelehrte und Geistliche? Ich bin ein leidenschaftlicher Schüler und Anhänger Jesu, ein Freund und Bewunderer der weltoffenen christlichen Missionare und Prediger, ein hingebungsvoller Anhänger und Arbeiter des rationalistischen *Brahmo-Samaj* – warum sollte ich ihm fasziniert zuhören? Und nicht nur ich, sondern Dutzende wie ich tun dasselbe. Er wurde von vielen befragt und geprüft. Menschenmengen strömen herbei, um ihn zu besuchen und mit ihm zu sprechen. Einige unserer klugen, gebildeten Dummköpfe haben nichts an ihm gefunden. Einige der herablassenden christlichen Missionare würden ihn einen Betrüger, einen sich selbst täuschenden Schwärmer nennen. Ich habe ihre Einwände gut abgewogen, und was ich jetzt schreibe, das schreibe ich mit Bedacht.

Der Hindu-Weise ist ein Mann unter vierzig. Er gehört der Kaste der Brahmanen an, ist von Natur aus gut gebaut, aber die fürchterlichen Entbehrungen, durch die sein Charakter sich entwickelt hat, scheinen seine Konstitution zerrüttet zu haben. Doch obwohl er ausgezehrt ist, hat sich sein Gesicht eine Fülle, eine kindliche Zartheit, eine tiefe, sichtbare Demut, eine unaussprechliche Lieblichkeit im Ausdruck und ein Lächeln bewahrt, das ich auf keinem anderen Gesicht gesehen habe, an das ich mich erinnere.

Ein Hindu-Weiser achtet immer genau auf sein Äußeres. Er trägt das orangefarbene Gewand des *Sannyasin*, isst nach strengen Regeln, weigert sich, mit Menschen Umgang zu pflegen, und befolgt streng die Kastenregeln. Er ist immer stolz und behauptet, geheimes Wissen zu besitzen. Er ist immer ein Guru, ein allgemeiner Ratgeber und verteilt seine Zaubermittel. Dieser Mann dagegen ist völlig frei von solchen Ansprüchen. Seine Kleidung und sein Essen unterscheiden sich nicht von denen anderer Leute, außer dass er beides generell vernachlässigt. Und was die Kastenregeln betrifft, so bricht er sie jeden Tag öffentlich. Er lehnt den Titel eines Gurus oder Lehrers vehement ab. Er zeigt ungeduldig sein Missfallen, wenn Leute versuchen, ihm besondere Ehre zu erweisen, und dementiert ausdrücklich, Geheimnisse und Mysterien zu wissen. Er protestiert dagegen, wenn er vergöttert wird, und zeigt öffentlich seine starke Abneigung, wenn Neugierige ihn besuchen und preisen. Die Gesellschaft der weltlich Gesinnten und den fleischlichen Genüssen Zugeneigten meidet er sorgsam. Er hat nichts Außergewöhnliches an sich. Seine Religion ist seine einzige Empfehlung. Und was ist seine Religion?

Sie ist der orthodoxe Hinduismus, aber ein Hinduismus von seltsamer Art. Ramakrishna Paramhamsa (das ist der Name des Weisen), verehrt keine besondere Hindu-Gottheit. Er ist kein *Shiva*-Anhänger, er ist kein *Shakta*, er ist kein Vishnu-Anhänger, er ist kein Anhänger des *Vedanta*. Trotzdem ist er das alles.

Er verehrt *Shiva*, er verehrt *Kali*, er verehrt *Rama*, er verehrt *Krishna* und ist ein eingefleischter Verfechter der vedantischen Lehren. Er akzeptiert alle Lehren, alle Darstellungen, Bräuche und hingebungsvollen Übungen eines jeden religiösen Kultes. Jeder ist für ihn unfehlbar. Er ist ein Götzendiener, aber ein treuer und sehr hingebungsvoller Vermittler der Vollkommenheit des Gestaltlosen, der grenzenlosen Gottheit, die er *Akhanda Sachchidananda* (vollständige Existenz-Erkenntnis-Seligkeit) nennt. Seine Religion beinhaltet nicht zu viel Glaubenslehre, Sachverstand zu Streitthemen oder äußerliche Verehrung mit Blumen und Sandelholz, Weihrauch und Opfergaben wie die Religion der gewöhnlichen Hindu-*Sadhus*. Seine Religion bedeutet Ekstase. Seine Verehrung bedeutet transzendente Einsicht. Sein ganzes Wesen brennt Tag und Nacht mit dem beständigen Feuer und Fieber eines seltsamen Glaubens und Gefühls. Sein Gespräch ist ein ununterbrochener Ausbruch dieses inneren Feuers und dauert stundenlang. Während seine Gesprächspartner ermüden, ist er, obwohl er äußerlich schwach ist, frisch wie immer. Tagesüber geht er oft in begeisterte Ekstase ein und ist sich der äußeren Welt nicht bewusst, am häufigste, wenn er über seine bevorzugten spirituellen Erfahrungen spricht oder eine bemerkenswerte Antwort darauf hört.

Aber wie ist es möglich, dass er solch einen glühenden Respekt für alle Hindu-Gottheiten hat? Was ist das Geheimnis seines einzigartigen Eklektizismus? Für ihn ist jede dieser Gottheit eine Kraft, ein verkörpertes Prinzip, das darauf ausgerichtet ist, die höchste Beziehung der Seele zum ewigen und gestaltlosen Sein zu enthüllen, das unveränderlich in seiner Glückseligkeit und dem Licht der Weisheit ist.

Nimm zum Beispiel *Shiva*. Der Heilige sieht und erkennt *Shiva* als die Verkörperung der Beschaulichkeit und des Yoga. Mahadeo [*Shiva*] vergisst alle weltlichen Sorgen und Angelegenheiten und ist in *Samadhi* ein- und aufgegangen, in die Meditation der unaussprechlichen Vollkommenheit des höchsten *Brahman*. Er ist unempfindlich gegenüber Schmerz und Entbehrung, Mühe und Einsamkeit, immer freudvoll in der Seligkeit der göttlichen Gemeinschaft, ruhig, still, heiter, unbeweglich wie der Himalaja, wo seine Wohnstatt ist. Er ist das Ideal aller beschaulichen und in sich selbst versunkenen Menschen. Die giftigen Schlangen des Bösen und der Weltlichkeit umwinden seine selige Gestalt, können ihn aber nicht verletzen. Die Gegenwart des Todes umgibt ihn in verschiedener Gestalt von Grauen und Gefahr, kann ihn aber nicht erschrecken. *Shiva* nimmt die Lasten und Sorgen der ganzen Welt auf sich, schluckt das tödlichste Gift, um anderen Unsterblichkeit zu verleihen. *Shiva* entsagt allem Wohlstand und aller Freude um der anderen willen, macht seine treue Frau zu seiner Gefährtin in seiner Entsagung und Einsamkeit und trägt die Asche und das Tigerfell als einzigen Schmuck. *Shiva* ist der Gott der Yogis. Und während dieser gute Mann wortreich über die Eigenschaften *Shivas* spricht, ist er in die Erhabenheit seines Ideals versunken, wird davon verzaubert und bleibt für lange Zeit ohne Bewusstsein.

Dann wird er vielleicht von *Krishna* sprechen, den er als die Verkörperung der Liebe empfindet. Er sagt: „Sieh das Antlitz *Krishnas*, wie es allgemein dargestellt wird. Ist es das Gesicht eines Mannes oder einer Frau? Gibt es einen Schatten Sinnlichkeit in ihm? Gibt es nur die kleinste männliche Derbheit darin? Es ist ein zartes, weibliches Gesicht, das *Krishna* hat. In ihm ist die Fülle der jungenhaften Zartheit und der mädchenhaften Anmut. Durch seine Zärtlichkeit, die vielseitig und vielgestaltig ist, gewann er die Herzen von Männern und Frauen für die Religion des *Bhakti* (Hingabe). Diese göttliche Liebe, die die Gestalt jeder heiligen menschlichen Beziehung annehmen kann, ist der große Auftrag *Krishnas*. Als liebendes Kind, das die ganze Zärtlichkeit der alter Eltern vereinnahmt, als liebender Gefährte und Freund, der die innigste Treue und Zuneigung von Menschen und Brüdern gewinnt, als beliebter und verehrter Meister, dessen liebliche und zärtliche Lehre und dessen gütige Überzeugungskraft Mädchen und Frauen zur Selbsthingabe einer innigen Frömmigkeit brachte, *Krishna*, dessen schöner und tiefer Charakter die Wertschätzung der Menschen überschreitet, führte die Religion der Liebe in Indien ein.

Dann wird der gute Mann erzählen, wie er sich jahrelang als Hirtenjunge oder Milchmädchen verkleidet hat, um diese Form von Frömmigkeit zu erfahren, in der sich die menschliche Seele wie eine treue Frau und ein loyaler Freund dem liebenden Geist gegenüber verhält, der unser Herr und einziger Freund ist. *Krishna* ist die Verkörperung von *Bhakti*.

Dann wird der Körper des Verehrers durch diese intensive Liebe zu Gott, die in seinem einfachen Herzen brennt, plötzlich starr und bewegungslos. Bewusstlosigkeit überfällt ihn. Seine Augen verlieren ihr Sehvermögen, und Tränen rinnen an seinem starren, blassen, aber lächelnden Gesicht hinunter. Diese Bewusstlosigkeit hat einen alles übersteigenden Sinn und eine tiefe Bedeutung. Wer kann sagen, was er wahrnimmt und in seiner Seele genießt, wenn er alles äußere Bewusstsein verloren hat? Wer kann die Tiefe dieser Gefühllosigkeit [für die äußere Welt] ergründen, die die Liebe zu Gott hervorbringt? Aber es besteht kein Zweifel darüber, dass er etwas sieht, hört und sich an etwas erfreut, wenn er für die äußere Welt tot ist. Warum würde er sonst inmitten dieser Bewusstlosigkeit in Tränen, Gebeten, Lieder und Äußerungen ausbrechen, deren Kraft und Pathos das härteste Herz durchbohrt und jene zum Weinen bringt, die nie unter dem Einfluss der Religion geweint haben?

Dann beginnt er, von *Kali* zu sprechen, die er als seine Mutter bezeichnet. Sie ist die Verkörperung der *Shakti* oder der Macht Gottes, die sich im Charakter und im Einfluss der Frau zeigt. *Kali* ist das weibliche Prinzip im Wesen der Göttlichkeit. Sie herrscht über alle Herrscher. Sie wirft ihren Gemahl zu Boden und stellt ihren Fuß auf seine Brust.[7] Sie bezaubert und unterwirft sich alle Lebewesen. Und sie ist die Mutter der Schöpfung. Ihre ungeheure Macht bürgt dafür, dass sie ihre Kinder retten und beschützen kann, jene, die zu ihr als ihre Mutter kommen und Schutz zu ihren Füßen suchen.

Ihre mütterliche Fürsorge erregt die zärtlichste kindliche Empfindung im Herzen ihrer Verehrer. Die Inspiration von *Ramprasad Sen*, die sich in den schönsten Liedern kindlicher Ergebenheit ausdrückt, die jemals gesungen wurden, bezeugt auf seltsame Weise die Wirksamkeit der Verehrung *Kalis*. Die Verehrung der *Shakti* (was wörtlich „Macht" bedeutet) ist im Verständnis unseres Heiligen eine kindliche, vollkommene, begeisterte Selbsthingabe an die Mütterlichkeit Gottes, die von der Macht und dem Einfluss der Frau repräsentiert wird. Unser Freund hat deshalb seit langem jeder materiellen und fleischlichen Beziehung zu Frauen entsagt. Er hat eine Frau, hat aber nie mit ihr gelebt. Die Frau, so sagt er, ist vom Mann nicht zu bezwingen, außer für denjenigen, der als Sohn zu ihr emporschaut. Die Frau fasziniert und hält die ganze Welt von der Liebe zu Gott ab. Die größten Heiligen wurden durch die namenlose Macht der Frau zur Fleischeslust und Sünde zurückgebracht. Die völlige Überwindung des Begehrens war sein lebenslanges

---

[7] Das bezieht sich auf die Statue der *Kali*, die ihren Fuß auf ihren Gemahl *Shiva* stellt, der am Boden liegt.

Streben. Wie er sagt, hat er lange Jahre die größte Anstrengung unternommen, sich von dem Einfluss der Frau zu befreien.

Sein herzerweichendes Flehen und Gebet um diese Befreiung, die er manchmal an seinem Rückzugsort am Flussufer laut äußerte, brachten Menschenmengen zu ihm, die bitterlich mit ihm weinten und nicht anders konnten, als ihn aus ganzem Herzen zu segnen und ihm Erfolg zu wünschen. Er war erfolgreich dem Bösen der Sinnlichkeit entronnen, die er fürchtete. Seine Mutter, die Göttin *Kali*, zu der er betete, ließ ihn erkennen, dass jede Frau Ihre Verkörperung ist, sodass er jetzt jedes Mitglied des anderen Geschlechts als seine Mutter ehrt. Er verbeugt sich vor den Frauen, sogar vor kleinen Mädchen, und besteht darauf, sie zu verehren, wie ein Sohn seine Mutter verehrt. Die Reinheit seiner Gedanken und seine Beziehung zu Frauen sind völlig einmalig und lehrreich. Es ist das Gegenteil der europäischen Vorstellung. Seine Haltung entspricht der ruhmreichen indischen Tradition. Ja, ein Hindu kann die Frauen ehren.

Der Paramhamsa sagt: „Mein Vater war ein Verehrer *Ramas*, und auch ich habe *Rama* als Gottheit akzeptiert. Wenn ich an die Frömmigkeit meines Vaters denke, erblühen die Blumen, mit denen er seine bevorzugte Gottheit verehrt hat, erneut in meinem Herzen und erfüllen es mit göttlichem Duft." *Rama*, der wahrhaftige und pflichtbewusste Sohn, der gute und treuer Ehemann, der gerechte und väterliche König, der loyale und liebevolle Freund, wird von ihm mit der Liebe und innigen Treue eines hingebungsvollen Dieners betrachtet. Er ist ein Meister, dem dienen zu dürfen genug Lohn für den begünstigten, treuen Diener ist. Er ist ein Meister, für den in liebevollem und unvergleichlichem Dienst sein Leben hinzugeben eine freudige Pflicht ist. Er ist ein Meister, der den Körper und die Seele seines ihn verehrenden Sklaven völlig unterworfen hat, wobei die Kontemplation über seine Heiligkeit und seinen Ruhm jeden Gedanken an Belohnung und Gegenleistung überschreitet. Auf diese Weise hat Ramakrishna *Rama* gesehen.

Hanuman, der bekannte Nachfolger *Ramas*, ist für ihn ein Vorbild des treuen Dieners, ein Lebewesen, das dem Anliegen seines Meister hingegeben und von solch unirdischer Liebe und Verehrung, solch übermenschlicher Treue inspiriert war, dass es sowohl Tod und Gefahr als auch die Hoffnung auf eine Belohnung verachtet hat.

Die andere Sünde, von der sein Leben frei ist, ist die Liebe zu Geld. Wenn er Geld sieht, erfüllt es ihn mit einer seltsamen Abscheu. Seine Vermeidung von Frauen und Wohlstand ist das ganze Geheimnis dieses unvergleichlich moralischen Charakters. Lange Zeit praktizierte er eine einzige Übung. Er nahm ein Goldstück in die eine Hand und einen Erdklumpen in die andere Hand. Dann betrachtete er beides und wiederholte, dass Gold Erde und Erde Gold sei. Dann ließ er den Inhalt von der einen Hand in die andere wandern.

Er tat das so lange, bis er jede Empfindung von Unterschied zwischen Gold und Erde verloren hatte. Sein Ideal von Dienst ist völlig unweltlich und frei vom Wunsch nach Gewinn.

Er liebt und dient *Rama*, weil *Rama* der beste und liebevollste Meister ist. Der Dienst eines wahren Heiligen ist der Dienst reinster Zuneigung und völlig selbstloser Treue. Einige der Lieder, die er singt und die diese berührende Hingabe ausdrücken, sind äußerst pathetisch und zeigen, wie nachlässig wir oft sind.

Seine Ehrfurcht ist aber nicht auf den Hinduismus beschränkt. Für Tage unterwarf er sich verschiedener Übungen, um die islamische Vorstellung eines allmächtigen Allah zu verstehen. Er ließ sich einen Bart wachsen und ernährte sich wie die Moslems. Er wiederholte beständig Sätze aus dem Koran. Seine Ehrfurcht für Christus ist tief und echt. Er verneigt sich beim Namen Jesu, anerkennt die Lehre seiner Sohnschaft, und wir glauben, dass er ein- oder zweimal christliche Andachtsorte besucht hat. Dieses Gedankengut, das er bei allen Geschehnissen zeigt, macht die allumfassende religiöse Kultur dieses großen Hindu-Heiligen deutlich.

Jede Form der Verehrung, auf die wir oben hingewiesen haben, ist für den Paramhamsa ein lebendiges und sehr begeisterndes Prinzip der persönlichen Religion. Und die Berichte über die Disziplinen und Übungen, durch die er zu seinem gegenwärtigen Zustand eines hingebungsvollen Eklektizismus gekommen ist, sind ganz wunderbar, obwohl man sie nicht veröffentlichen kann. Er schreibt nichts, argumentiert selten und versucht nie zu belehren. Er schüttet beständig seine Seele in einer Rhapsodie spiritueller Äußerungen aus. Er singt wunderbar und macht Beobachtungen von einzigartiger Weisheit. Er wirft unbewusst eine Flut von wunderbarem Licht auf die unklarsten Stellen der *Puranas* und deckt die grundlegenden Prinzipien des hinduistischen Volksglaubens mit philosophischer Klarheit auf, was in einem seltsamen Gegensatz zu seinem einfachen und ungebildeten Leben steht. Diese Inkarnationen, so sagt er, sind nur Mächte (*Shakti*) und Fügungen (Lila) des ewig-weisen und gesegneten *Akhanda Sachchidananda*, das sich nie verändern oder ausgedrückt werden kann, das das eine, endlose und beständige Meer von Licht, Wahrheit und Freude ist.

Wenn man all seine Äußerungen aufzeichnen würde, dann würden sie ein Band von seltsamer und wunderbarer Weisheit ergeben. Wenn alle seine Beobachtungen von Menschen und Dingen wiedergegeben würden, würden die Leute denken, dass die Tage der Prophezeiung, der urzeitlichen, ungelehrten Weisheit zurückgekommen sei. Aber es ist äußerst schwierig, seine Worte in Englisch zu übertragen.[8] Dieser gute

---

[8] Max Müller hat kürzlich eine Anzahl seiner Aussprüche in einem Band mit dem Titel „Ramakrishna: His Life and Sayings" herausgebracht.

und heilige Mann ist ein lebendiger Beweis der Tiefe und Anmut der hinduistischen Religion. Er hat sein Fleisch völlig unter Kontrolle. Er ist seelenvoll, erfüllt von der Wirklichkeit der Religion, der Freude und der gesegneten Reinheit.

Als ein *Siddha* und Hindu-Asket ist er ein Zeuge der Falschheit und Leere der Welt. Sein Zeugnis sagt dem tiefgründigsten Herzen eines jeden Hindus zu. Er hat keinen anderen Gedanken, keine andere Beschäftigung, keine andere Beziehung, keinen anderen Freund in seinem demütigen Leben als seinen Gott. Dieser Gott ist mehr als ausreichend für ihn. Seine makellose Heiligkeit, seine tiefe, unaussprechliche Seligkeit, seine ungelehrte, endlose Weisheit, seine kindliche Friedfertigkeit und Zuneigung zu allen Menschen, seine verzehrende, alles aufsaugende Liebe zu Gott sind sein einziger Lohn. Möge er ihn lange genießen! Unser eigenes Ideal vom religiösen Leben ist anders, aber so lange er uns erhalten bleibt, sollten wir dankbar zu seinen Füßen sitzen und von ihm die sublimen Regeln der Reinheit, Weltlosigkeit, Spiritualität und Trunkenheit der Liebe zu Gott lernen.

GLOSSAR

Akhanda Sachchidananda: *Akhanda*: vollständig, ganz; *Sachchidananda* (*Sat-Chit-Ananda*) = Sein-Bewusstsein-Seligkeit, ein Name für *Brahman*

Bhakti: Liebe zu Gott

Brahman: das Absolute, die höchste Wirklichkeit in der Philosophie des *Vedanta*

Brahmo-Samaj: hinduistische Reformbewegung. Ramakrishna hat mit vielen ihrer Anführer Umgang gepflegt und hat auch einige Treffen besucht.

Hanuman: Affengottheit, Diener *Ramas*

Kali: ein Name für die Göttliche Mutter; die Göttin des Tempels von Dakshineswar in der Nähe von Kalkutta, wo Ramakrishna Tempelpriester war. Ihr Gemahl ist *Shiva*.

Krishna: eine der göttlichen Inkarnationen der Vishnu-Anhänger

Paramhamsa, *Paramahamsa*: einer, der der höchsten Ordnung der *Sannyasins* angehört

Purana: Bücher der hinduistischen Mythologie

Rama: eine der berühmtesten göttlichen Inkarnationen Indiens. Er war der König von Kosala. Seine Frau war Sita. Er besiegte den Dämonenkönig Ravana. Seine Geschichte wird im Epos Ramayana erzählt.

Ramprasad Sen: bengalischer Heiliger und Dichter des 18. Jh., der Lieder für die Muttergottheit *Kali* komponierte

Sadhu: Heiliger, ein Begriff, der generell für einen Mönch gebraucht wird

Samadhi: Ekstase, Trance, Gemeinschaft mit Gott

Sannyasin: hinduistischer Mönch

Shakti: Kraft, allgemein die kreative Kraft *Brahmans*; ein Name der Göttlichen Mutter

Shakta: ein Verehrer der *Shakti*, der Göttlichen Mutter, in der Tantra-Philosophie

Shiva: eine der drei Gottheiten der hinduistischen Trinität neben Brahma und Vishnu; Gottheit der Askese und Kontemplation. Eine der bekanntesten Geschichten aus der Mythologie ist die Geschichte vom Milchmeer, wie *Shiva* Gift schluckt, um die drei Welten zu beschützen, wodurch sich seine Kehle blau verfärbt. Er wird oft von Schlangen umwunden dargestellt und ist mit Asche beschmiert. Seine Gemahlin ist die Göttin Parvati bzw. *Kali*.

Siddha: Vollkommener

Srimat, Sri: Ehrentitel; der Verehrteste

Veden: die heiligsten Schriften der Hindus

Vedanta: eine der sechs orthodoxen hinduistischen Philosophien, die Vyasa ausgearbeitet hat; Advaita *Vedanta*: die Lehre der Nichtzweiheit, Atman (die unsterbliche Seele) und *Brahman* sind nicht zwei.

WEITERFÜHRENDE LITERATUR

Abhedananda: Ramakrishna: Seine Botschaft: nach den Aufzeichnungen von M. – BoD, 2020

Nikhilananda: Sri Ramakrishna: Eine Biografie (Arbeitstitel, i. Vb.)

Ramakrishna: Das Vermächtnis. – Fischer Scherz, 2003

Satyamayi: Sri Ramakrishna: Ein Lebensbild. – Heinrich Schwab Verlag, 1967

Shri Ramakrishna: Gespräche mit seinen Schülern. – Verlag der Weltreligionen im Insel Verlag, 2008

Torwesten, Hans: Ramakrishna: Ein Leben in Ekstase. – Benzinger, 1997